Menschen-Kenntnis

Menschen beim ersten Kontakt durchschauen

Tobias Schauenburg

1. Auflage

ISBN: 1545432724
ISBN-13: 9781545432723

INHALT

KAPITEL 1
EINLEITUNG

Viele Menschen behaupten von sich, eine gute Menschenkenntnis zu haben. Aber was genau bedeutet das überhaupt? Menschenkenntnis? Wikipedia sagt dazu: "Menschenkenntnis ist die Fähigkeit, das Verhalten oder den Charakter von Menschen aufgrund eines ersten Eindrucks richtig einzuschätzen, zu erkennen und zu beurteilen, und vorherzusagen wie sie denken und wie sie handeln werden."

Somit wäre Menschenkenntnis eine sehr praktische Fähigkeit, die uns in vielen Situationen helfen könnte. Stellen Sie sich vor, Sie möchten eine Frau kennenlernen und trauen sich nicht so recht ran. Sie möchten sich keinen Korb holen. Wenn Sie aber durch die Beobachtung dieser Frau erkannt hätten, dass diese durchaus offen für ein Kennenlernen mit Ihnen ist, hätten Sie eine ganz andere Grundlage und Sicherheit, diese Dame anzusprechen.

Ähnlich ist es oft im Job. Wenn Sie Ihre Gesprächs- oder Verhandlungspartner, die Sie oft gerade erst kennengelernt haben, schnell einschätzen können, können Sie Ihr Wissen um seinen Charakter und sein voraussichtliches Verhalten nutzen und Ihre Gesprächsführung und Verhandlungsstrategie darauf abstimmen.

Menschenkenntnis ist keine angeborene Fähigkeit, vielmehr erwirbt man sie sich durch genaue Beobachtung, Erfahrungen und den häufigen Umgang mit Menschen.

KAPITEL 2
WELCHE MERKMALE ZEICHNEN EINEN MENSCHENKENNER AUS? WIE WERDEN SIE ZUM MENSCHENKENNER?

Merkmal 1

Menschenkenner sind sehr aufmerksam und beobachten ganz genau, was um sie herum vorgeht. Sie haben einen Blick für feine Signale der Körpersprache und für Details. Üben Sie ab jetzt in Ihrem Alltag das Beobachten. Nehmen Sie sich vor, auf Kleinigkeiten zu achten und sich diese zu merken.

Merkmal 2 Aufmerksamkeit

Als Menschenkenner sollten Sie ein gutes Gedächtnis haben, damit Sie sich z. B. Informationen über die Vorlieben Ihrer Mitmenschen oder andere Details gut merken können.

Trainieren Sie Ihr Gedächtnis. Indem Sie ab heute Ihre Einkaufsliste auswendig lernen und ohne diese einkaufen gehen oder indem sich die Einkaufsliste assoziativ merken. Sie können z. B. eine Geschichte erfinden, in der alle Gegenstände, die Sie kaufen möchten, vorkommen. Weitere Übungen und Informationen finden Sie z. B. in dem Buch "Stroh im Kopf" von Vera F. Birkenbihl. Ein sehr empfehlenswertes Buch über gehirn-gerechtes Lernen und das Training des Gedächtnisses

Merkmal 3 bedacht reden

Menschenkenner agieren sehr bedacht und reden erst, wenn Sie sich sicher sind. Sie fallen dadurch seltener unangenehm auf.

Das bedeutet nicht, dass Sie ab nun nichts mehr sagen oder sich alles zehnmal überlegen sollen. Seien Sie nur achtsam mit dem, was Sie sagen. Viele Menschen neigen dazu, wenn Sie unsicher sind, zu viel zu sprechen oder anderen gefallen zu wollen. Bleiben Sie bei sich und sagen Sie die Dinge, zu denen Sie stehen und die Ihnen wichtig sind.

Merkmal 4

Als Menschenkenner lernen Sie aus Ihren Erfahrungen und ändern Ihr Verhalten entsprechend. Wenn Sie z. B. feststellen, dass jemand kein Interesse an Kontakt zu Ihnen hat, werden Sie diesem Menschen nicht hinterherrennen.

Merkmal 5

Menschenkenner sind Optimisten und gehen erst einmal immer vom Besten aus. Sie wissen um die Schwächen der Menschen und sind nicht leicht beleidigt oder nachtragend.

Sie können dies üben, indem Sie Ihre Gedanken beobachten. Wie oft denken Sie negativ, wie oft positiv? Neigen Sie dazu, sich das Schlimmste auszumalen oder glauben Sie, dass sich die Dinge schon fügen werden? Je häufiger Sie bewusst mitbekommen, dass Sie negativ denken, desto häufiger können Sie sich bewusst für Optimismus entscheiden.

Merkmal 6 Nicht zu allem seinen Senf geben & zuhören

Menschenkenner hören gerne und mit ganzem Herzen zu. Sie warten nicht nur darauf, Ihren eigenen Senf abgeben zu können, sondern schenken Ihrem Gegenüber Ihre ganze Aufmerksamkeit.

Üben Sie dies heute bei der Arbeit oder im Privatleben und beobachten Sie, wie oft Ihre innere Stimme anfängt mit: "Ja, bei mir ist das auch so. Bei mir ist das sogar noch viel schlimmer. Mein Auto ist auch kaputt. Werde schnell fertig. Ich will jetzt reden."

Selbstverständlich sollen und dürfen Sie weiterhin von sich erzählen. Es geht darum, mit der Aufmerksamkeit bei Ihrem Gegenüber zu bleiben und nicht innerlich abzuschweifen. Wie Sie damit umgehen, wenn Sie an einen sogenannten Schwaadlappen (Kölsch für Quasselstrippe) geraten, lesen Sie später im Buch.

Merkmal 7

Menschenkenner denken voraus und beobachten die Umgebung, um eventuelle Störungen frühzeitig zu bemerken. Heiratet ein Menschenkenner, so wird er sicherstellen, dass nicht an dem Tag der Hochzeit eine Demonstration direkt an der Kirche vorbeiführt.

Überlegen Sie, zu welchen Gelegenheiten Vorausdenken und das Scannen der Umgebung für Sie wichtig sein könnte. Üben Sie dies im Alltag.

Merkmal 8

In andere hineinversetzen

Ein Menschenkenner ist empathisch. Ist sein Kind zu einem Kindergeburtstag eingeladen, wird er auch für die Schwester des Geburtstagskindes ein Mitbringsel einkaufen.

Wie handeln Sie? Können Sie sich in andere hineinversetzen? Interessiert es Sie, wie andere denken und fühlen?

Merkmal 9

Menschenkenner kennen sich selbst, ihre Stärken und Schwächen. Da Sie mit sich im Reinen sind, macht es Ihnen nichts aus, sich mit diesen Schwächen zu zeigen und dazu zu stehen. Dennoch bleiben sie dran und versuchen, durch Übung und Entwicklung ihrer Persönlichkeit, an schwachen Stellen stärker zu werden.

Üben Sie, zu Ihren Schwächen zu stehen. Welche Schwächen haben Sie und warum könnte es schwer sein, ehrlich darüber zu sprechen?

Merkmal 10 ehrliches Interesse zeigen/haben

Menschenkenner haben wirkliches Interesse an Ihren Mitmenschen und nehmen sie ernst. Sie möchten wissen und verstehen, wie Ihr Gegenüber sich fühlt. Oberflächliche Beziehungen sind Ihnen nicht so wichtig.

Beobachten Sie sich selbst. Wie gehen Sie mit Ihren Mitmenschen um? Sind Sie ganz da, wenn Sie kommunizieren, oder wechseln Sie meist nur aus Höflichkeit ein paar Worte. Möchten Sie andere verstehen oder nur Ihre Meinung durchdrücken?

Merkmal 11

Menschenkenner sind selbstkritisch und stellen sich immer wieder infrage. Da Sie voller Selbstvertrauen sind, können Sie dies tun, ohne dass es an Ihrem Selbstwert kratzt. Es hilft ihnen vielmehr, ihr Selbstvertrauen immer weiter zu stärken. Sie müssen nicht perfekt sein, um sich selber gut zu finden und zu lieben.

Und wieder sind Sie dran. Können Sie sich infrage stellen? Darf jemand anders Sie infrage stellen? Sind Sie gut, so wie Sie sind?

Ich empfehle Ihnen, sich ein Heft oder Schreibbuch zuzulegen, um sich die o. g. Punkte stichwortartig zu notieren und Ihre Beobachtungen dazu zu notieren. Machen Sie dies über einen Zeitraum von 28 Tagen. Das Beobachten Ihrer Umgebung, der Menschen um Sie herum und auch das Beobachten Ihres eigenen Verhaltens wird Ihnen so in Fleisch und Blut übergehen. Das schriftliche Festhalten hilft Ihnen, flüchtige Erkenntnisse und Gedanken festzuhalten und zu erinnern. Zudem können Sie in diesem Buch auch Ihre Gedächtnistrainingsübungen aufschreiben.

KAPITEL 3 WICHTIGER TEIL DER MENSCHENKENNTNIS: DIE KÖRPERSPRACHE

85 % der menschlichen Kommunikation geschieht nonverbal, also über die Sprache unserer Körper. Stellen Sie sich vor, Sie unterhalten sich mit einem alten Bekannten, den Sie zufällig auf der Straße wieder getroffen haben. Dieser Mensch sagt, er freut sich sehr, Sie zu sehen und mit Ihnen zu sprechen. Dabei dreht er aber immer wieder seinen Oberkörper weg von Ihnen und auch ein Fuß zeigt nicht in Ihre Richtung.

Haltung beobacht

Was würden Sie daraus schließen? Entweder

möchte der Mensch in Wahrheit nicht gerne mit Ihnen sprechen. Davon gehen wir erst einmal nicht aus, denn ich vermute, Sie sind ein bezaubernder Mensch. Die zweite Möglichkeit ist, dass er es eilig hat und woanders hinmuss. Eine dritte könnte sein, dass er sich in der überfüllten Einkaufsstraße unwohl fühlt. Sobald Sie sein nonverbales Zeichen erkannt haben, haben Sie die Möglichkeit, herauszufinden, was los ist. Sie können Ihren Gesprächspartner fragen, ob er es eilig hat und ob Sie lieber ein andermal miteinander sprechen sollen.

Da nicht alle Signale der Körpersprache so eindeutig ist, macht es Sinn, die subtileren Zeichen zu kennen und zu üben, diese zu erkennen und richtig einzuordnen. Für die Einordnung ist es hilfreich, zu wissen, dass die Körpersprache vom limbischen System gesteuert wird. Dies ist ein sehr alter Teil unseres Gehirns. Da wir auf diese Signale wenig Einfluss haben, ist unsere Körpersprache unmittelbar, echt und schwer zu verstecken oder zu überspielen.

Die drei Grundreaktionen des limbischen Systems

sind Schockstarre, Flucht und Kampf. In früheren Zeiten haben diese drei instinktiven Reaktionen unser Überleben gesichert. "Fight or flight" ist den meisten Menschen bekannt. Tatsächlich geht diesen beiden Reaktionen jedoch die Schockstarre voraus. Da diese Grundreaktionen elementar sind für das intuitive Verstehen von Körpersprache, gehe ich im Folgenden näher darauf ein:

Schockstarre:

Die Schockstarre führt dazu, dass der Mensch keinerlei Bewegung mehr erzeugt und somit keine Aufmerksamkeit auf sich zieht. Dies war hilfreich, wenn gefährliche Raubtiere unsere Vorfahren jagten. Heute beobachtet man dieses Verhalten z. B. bei missbrauchten Kindern. Sobald der Täter auftaucht, werden die Bewegungen starr, die Arme bewegen sich nicht mehr. Das Kind versucht, keine Aufmerksamkeit auf sich zu ziehen, um nicht wieder misshandelt zu werden. Die Atmung wird flacher und der Kopf zwischen die Schultern gezogen.

Wenn Sie also beobachten, dass bei Ihrem Gegenüber die Arme oder Hände erstarren bzw. kaum Gestik aufweisen oder dass an einer bestimmten Stelle im Gespräch die Gestik versiegt, können Sie davon ausgehen, dass die Person gerade nicht entspannt ist. Ob es sich dabei tatsächlich um einen Schock, Unsicherheit, Ängstlichkeit oder gar eine Lüge handelt, können Sie erst dann beurteilen, wenn Sie weitere Faktoren in Ihre Beobachtungen mit einbeziehen.

Flucht:

War das Raubtier schon zu nah, um sich durch die Bewegungslosigkeit schützen zu können, blieb die Flucht. Schnelles Rennen, um sich in Sicherheit zu bringen, ist heutzutage nicht mehr so oft nötig.

Es gibt aber Situationen, in denen man sich nicht wohlfühlt und am liebsten flüchten würde. Sei es, dass man sich mit einem unsympathischen Menschen unterhält oder sich aus anderen Gründen nicht wohlfühlt. Dies drückt der Körper deutlich aus, indem sich der Oberkörper oder ein Fuß vom Gesprächspartner wegdrehen. Manche Menschen versuchen Abstand zu schaffen, indem Sie sich einen Gegenstand, z. B. eine Tasche vor die Brust halten. Beobachten Sie dies bei Ihrem Gesprächspartner, haben Sie die Möglichkeit, es anzusprechen und zu fragen, ob er es evtl. eilig hat, sich nicht wohlfühlt oder ob Sie etwas gesagt haben, mit dem Sie ihm zu nahe getreten sind.

Kampf:

Auch der körperliche Kampf ist heute seltener, da gesetzeswidrig. Verbale Kämpfe, also Auseinandersetzungen mit Worten und Gesten, sind dafür an der Tagesordnung.

Hierbei kann man für den Kampf typische Körpersignale beobachten: Böse Blicke, eine herausgestreckte Brust oder das Bedrängen des Gegners, indem man ihm zu nahekommt, sind Beispiele dafür.

Zur Körpersprache gehört auch die Mimik des Gesichts. Da diese enorm wichtig ist, möchte ich sie hier kurz anreißen. Häufig wird das Gesicht als Spiegel der Seele bezeichnet. Das stimmt einerseits, andererseits ist uns Menschen sehr bewusst, wie viel unser Gesicht preisgibt und wir können bestimmte Reaktionen gut überspielen. Die kleinen, feinen Nuancen allerdings nicht.

Zeichen für Anspannung, Stress, Angst oder Wut können z. B. sein: angespannte Kiefermuskeln, Beben der Nasenflügel, Zusammenpressen der Lippen, ein starrer Blick, Zusammenkneifen der Augen und ein steifer Nacken. Auffällig ist hier, wie häufig Worte auftauchen, die mit Druck und Enge zu tun haben.

Die Blickvermeidung ist ein Schutzmechanismus des Gehirns, um den Menschen davor zu schützen, etwas Bestimmtes zu sehen. Die Augen mit einer Hand abzuschirmen oder die Augen kurz zu schließen, hat den gleichen Effekt.

Eine entspannte Stirn, volle Lippen, offene Augen

weisen dagegen auf einen entspannten und vertrauensvollen Menschen hin. Ist der Hals entblößt und der Kopf zu Seite geneigt, ist dies ein Zeichen dafür, dass man sich richtig wohl und entspannt fühlt. Menschen, die sich mögen, blicken sich häufig und lange an. Möchten Sie z. B. in einem Vorstellungsgespräch zeigen, dass Sie aufmerksam bei der Sache sind, sollten Sie Ihren Gesprächspartner häufig anschauen.

Sie haben jetzt erste Gesten und Ausprägungen der Körpersprache kennengelernt. Es gibt hierzu ein ausführlicheres und empfehlenswertes Buch "Wie Sie kinderleicht die Körpersprache anderer deuten, um Menschen besser lesen und verstehen zu können(ISBN-10: 1537352229)“. Dort finden Sie Signale der Körpersprache von Fuß bis Kopf und konkrete Tipps, wie Sie das Lesen der Körpersprache üben und richtig deuten können. Weiterhin lernen Sie wie Sie Körpersprache für sich selber so einsetzen, dass Sie souverän und entspannt wirken und es auch immer mehr sein werden.

KAPITEL 4
DIE KUNST DER GESPRÄCHSFÜHRUNG

Neue Menschen kennen lernen

Bevor Sie mit einem fremden Menschen ein gutes Gespräch führen können, müssen Sie einen Kontakt herstellen. Das ist der erste und oft schwierigste Schritt. Viele Menschen haben bereits ein festes Umfeld aus Freunden, Familie und Geschäftspartnern und entsprechend wenig Zeit. Da sich Ihre Mitmenschen innerhalb der ersten 60 Sekunden ein Urteil über Sie bilden, ist der erste Eindruck entscheidend. Dies bedeutet nicht, dass Sie sich nun verstellen sollen, sondern dass Sie darauf achten, dass

Sie positiv eingestellt und in freudiger Erwartung sind. Gehen Sie ängstlich in die Situation hinein, wird Ihnen diese Stimmung wieder gespiegelt. Sollten Sie grundsätzlich ein unsicherer Typ sein, können Sie an Ihrem Selbstwertgefühl arbeiten und dies entwickeln.

Konzentrieren Sie sich in einem ersten Gespräch auf folgende Fragen:

- "Wie denkt Ihr Gegenüber?"
- "Was haben wir gemeinsam?"
- "Was könnte ich von meinem Gesprächspartner lernen?"
- "Wie könnte ich meinen Gesprächspartner bereichern?"

Dadurch konzentrieren Sie sich auf Ihre eigenen und die positiven Eigenschaften Ihres Gegenübers. Versuchen Sie, Ihr Gegenüber so gut wie möglich kennenzulernen. Konzentrieren Sie sich ganz und gar auf Ihren Gesprächspartner. Dies bedeutet nicht, dass Sie einen Monolog über sich ergehen lassen müssen. Dazu kommen wir später noch. Es bedeutet, dass Sie präsent sind und sich einlassen. Seien Sie offen. Bringen Sie sich ins Gespräch ein und zeigen Ihrem Gegenüber etwas von Ihrem Innenleben. Lassen Sie die Stimmung und Ihr Gegenüber auf sich wirken und versuchen Sie, nichts zu erzwingen.

Sollten sie jedoch feststellen, dass es keinerlei Chemie zwischen Ihnen gibt und Sie sich gegenseitig nichts zu geben haben, können Sie ohne Bedenken weiterziehen.

Sprechen Sie deutlich

Das klingt banal, kommt aber häufiger vor, als man denkt. Nuscheln, undeutlich oder zu leise sprechen und Worte verschlucken. Was meist eine schlechte Angewohnheit ist, ist für den Menschen der Ihnen zuhört, extrem anstrengend. Spätestens, wenn nach jedem zweiten Satz ein "Wie bitte? Ich habe Sie leider nicht verstanden." kommt, sollten Sie darüber nachdenken, Ihre Aussprache zu verbessern. Sollte es sich um Lispeln handeln, konsultieren Sie am besten einen Logopäden. Es gibt aber auch online Kurse zum Stimmtraining. Wie bei allen Veränderungen ist es auch hier notwendig, langfristig zu üben, um eine dauerhafte Veränderung zu erreichen. Die Stärkung der Stimme wird Ihnen nicht nur angenehmere Gespräche, sondern auch Selbsterkenntnis und ein verbessertes Selbstwertgefühl bescheren.

Seien Sie authentisch

Ein aufgesetztes Dauergrinsen oder eine extrem coole Körpersprache, die eigentlich nicht Ihrem Typ entspricht, wird bei Ihrem Gesprächspartner nicht gut ankommen. Weil er spürt, dass Sie nicht authentisch sind. Er wird sich fragen, was Sie zu verbergen haben und warum Sie sich verstellen. Genau diese Fragen dürfen Sie sich selber stellen, um herauszufinden, warum und wann Sie sich so verhalten. Seien Sie sie selbst. Alle anderen sind schon vergeben.

Betrachten Sie jeden Menschen als Individuum. Seien Sie neugierig.

Nur so können Sie die Menschen wirklich

kennenlernen. Auch wenn es nur flüchtige Bekanntschaften sein sollten. Gehen Sie unvoreingenommen und mit Interesse auf den Anderen zu. Jeder Mensch, und es gibt circa 7,47 Milliarden davon, ist anders. Es gibt also immer Neues zu entdecken und zu lernen.

Die richtigen Themen

Bei einer ersten Kontaktaufnahme ist es meist nicht angebracht, davon zu erzählen, dass Sie heute noch traurig werden, wenn Sie daran denken, wie sich Ihr erster Freund von Ihnen getrennt hat. Oder dass Sie als Kind ein Kuscheltier hatten, dass Bernie hieß und immer dabei sein musste. Dies sind schöne und sehr persönliche Informationen, die Sie sich für ausgewählte Gesprächspartner, die sich als vertrauenswürdig erwiesen haben, aufbewahren sollten.

Ein Gespräch über das Wetter ist allerdings sehr schnell vorbei und wie ich finde, oft langweilig. Es sei denn, Sie interessieren sich für Meteorologie und haben eine Leidenschaft für Graupelschauer, Supernovae und Niederschlagsmengen.

Finden Sie also Themen, die Sie interessieren und über die Sie sich kompetent unterhalten können. Idealerweise sollten diese Themen sein, über die Sie auch auf eine persönliche Ebene wechseln können.

KAPITEL 5
WIE SIE MIT MENSCHEN UMGEHEN, DIE SCHLECHTE LAUNE HABEN ODER SICH NICHT GUT FÜHLEN

Sollten Sie feststellen, dass Ihr Gesprächspartner schlechte Laune hat, sich nicht wohlfühlt oder Sorgen hat, ist die Versuchung groß, sich unter einem Vorwand aus dem Staub zu machen. Tun Sie es nicht, es sei denn, Sie sind selber gerade in so schlechter Verfassung, dass Sie es nicht aushalten, jemand anderen zu stützen. In diesem Fall erklären Sie das Ihrem Gesprächspartner.

Wenn Sie aber Kapazitäten haben, sich in andere einzufühlen, versuchen Sie herauszufinden, wie Sie

Ihrem Gegenüber helfen können. Was braucht er gerade? Möchte er nur erzählen? Möchte er Ihre Meinung dazu hören? Seien Sie achtsam und zurückhaltend. Geben Sie keine Ratschläge, wenn diese nicht gewünscht sind. Seien Sie einfach nur da und öffnen Sie Ihr Herz für den anderen. Vielleicht hilft Humor, vielleicht braucht der andere eine Hand oder eine Umarmung. Mit Präsenz und Einfühlungsvermögen werden Sie es herausfinden.

Behalten Sie auf jeden Fall die Gesprächsinhalte für sich und gehen Sie nicht damit hausieren. Ihr Gegenüber vertraut Ihnen da etwas aus seinem Innenleben an. Würdigen Sie dies, es schafft Vertrauen zwischen Ihnen.

KAPITEL 6
WIE SIE MIT MENSCHEN UMGEHEN, DIE MONOLOGE FÜHREN

Es gibt Menschen, die sich selber so gerne reden hören, dass Sie Monologe führen und Ihre Mitmenschen voll texten. Ihnen ist auch egal, wer da zuhört, Hauptsache, Sie werden Ihre Gedanken los. Logorrhoe nennt sich diese krankhafte Geschwätzigkeit.

Sie können Ihre Ohren auf Durchzug stellen oder - und das empfehle ich Ihnen - den Redefluss dieses Menschen unterbrechen und über seine Aussagen in eine Diskussion gehen. Nur wenn Sie sich für diesen Menschen als würdiger und ebenbürtiger

Gesprächspartner erweisen und ihm klarmachen, dass Ihre Zeit und Ihre Gegenwart wertvoll sind, kann daraus mehr entstehen als eine flüchtige Bekanntschaft, der Sie am liebsten aus dem Weg gehen würden.

KAPITEL 7
WIE SPRECHEN SIE SO MIT ANDEREN, DASS SIE SICH WOHLFÜHLEN UND ERREICHEN WAS SIE SICH WÜNSCHEN?

Oben wurden einige spezifische Gesprächssituationen geschildert und wie Sie damit umgehen können. Mit den meisten Menschen, die Sie kennen lernen und die in Ihrem weiteren Leben eine Rolle spielen, gelangen Sie früher oder später in eine Kommunikation, die in einen Konflikt führt. Das liegt in der Natur der Dinge. Wo verschiedene Menschen zusammenkommen, gilt es unterschiedliche Bedürfnisse zu befriedigen. Damit das immer besser funktioniert und Sie sich und die Menschen in Ihrem

Leben besser kennenlernen können, möchte ich Ihnen ein Instrument an die Hand geben: Die gewaltfreie Kommunikation nach Marshall B. Rosenberg.

Tatsächlich gestaltet sich menschliche Kommunikation oft schwierig. Einer redet, der andere schaltet ab. Oder er redet dagegen oder er stimmt zu, damit er seine Ruhe hat. Oft möchte man seine Meinung durchdrücken, Recht behalten, versteht nicht, was der Andere von einem möchte und ist am Ende resigniert und unzufrieden, weil ein Gespräch anstrengend, boshaft oder subtil gemein war und zu keinem Ergebnis führte. Dies kann sowohl in einer Beziehung zwischen Partnern, zu den Kindern oder Eltern als auch im Job so vorkommen.

Mit der gewaltfreien Kommunikation wird Ihr Austausch liebe- und verständnisvoller und zielführender. Sie werden sich selbst und Ihr Gegenüber besser verstehen lernen.

Und so geht's. Die vier Schritte der gewaltfreien

Kommunikation.

Diese vier Schritte funktionieren sowohl in Bezug auf Ihr eigenes Befinden und Ihre eigenen Bedürfnisse, als auch auf das Befinden und die Bedürfnisse Ihres Gegenübers.

Schritt 1: Beobachten ohne zu bewerten

Sie drücken an dieser Stelle aus, was Anlass Ihres Gesprächs ist. Z. B.: "Du kommst 30 Minuten später als vereinbart!" Dies ist eine Tatsache, ein Fakt. Würden Sie stattdessen sagen: "Du kommst schon wieder zu spät!" enthält Ihre Aussage eine Bewertung.

Der Unterschied wirkt erst einmal klein, macht aber im Umgang miteinander viel aus.

Schritt 2: Fühlen ohne zu interpretieren

Sie sprechen im zweiten Schritt Ihr Gefühl an. Sie können z. B. traurig, wütend, ängstlich, glücklich oder frustriert sein.

Sagen Sie jedoch "Ich fühle mich von meinem Chef nicht ernst genommen." mischen Sie eine Interpretation über den Anderen hinein.

Schritt 3: Bedürfnisse statt Strategien

Im dritten Schritt drücken Sie aus, welches Bedürfnis hinter Ihrem Gefühl steckt. Z. B:. "Ich brauche Klarheit und Sicherheit."

Unterscheiden Sie hier klar zwischen Ihrem Bedürfnis und einer Strategie, Ihr Bedürfnis zu befriedigen. Die Strategie wäre "Du sollst mir diese Sicherheit geben."

Es gibt im Internet hierzu hilfreiche Listen mit der Aufführung von Gefühlen und Bedürfnissen. Oft fällt es zu Beginn schwer, die Gefühle oder Bedürfnisse auszudrücken. Hierbei kann die Übung mit den vier Schritte und den Listen helfen.

Schritt 4: Bitten statt fordern

In diesem Schritt bitten Sie um das, was Sie gerne möchten. Sein Sie so konkret wie möglich: "Kannst du bitte den Tisch abräumen?" oder "Können Sie mir bitte sagen, bis wann ich eine Antwort von Ihnen erwarten kann?"

Eine Bitte und eine Forderung unterscheiden sich dadurch, ob Ihr Gegenüber die Möglichkeit hat "Nein" zu sagen oder ob es dann mit Ablehnung oder Strafe rechnen muss.

Sie können diese vier Schritte einsetzen, um sich selbst besser zu verstehen, oder wenn Sie anderen zuhören. Versuchen Sie hierfür, sich mitfühlend in Ihr Gegenüber hinein zu versetzen und zu erforschen, was in ihm los ist. In diesem Falle sähen die vier Schritte wie folgt aus:

Schritt 1

Wenn du siehst / hörst / mitbekommst ... Sie versuchen den Auslöser für die Reaktion herauszufinden.

Schritt 2

Bist du dann (traurig, wütend, frustriert etc.) Was vermuten Sie, wie Ihr Gesprächspartner sich fühlt?

Schritt 3

..., weil du ... brauchst oder ... Bedürfnis hast. Sie versuchen das unerfüllte Bedürfnis herauszufinden.

Schritt 4

Du möchtest gerne ... Sie versuchen herauszufinden, wie die konkrete, positiv formulierte Bitte aussehen könnte.

Das klingt erst mal theoretisch, zäh und anstrengend. Tatsächlich ist es sowohl für Sie selbst als auch für Ihren Gesprächspartner eine große Erleichterung. Es tut gut, sich selbst und seine Mitmenschen zu sehen, Ihnen und Ihren Bedürfnissen Raum zu geben und sich und andere so besser kennenzulernen. Im Endeffekt haben alle Menschen Bedürfnisse. Viele Streitereien drehen sich nur darum. Die gewaltfreie Kommunikation zu lernen und einzusetzen hilft Ihnen nicht nur, ein besserer Menschenkenner zu werden. Sie werden ein besserer Chef, ein liebevollerer Elternteil oder Partner und sie tragen zum Frieden in der Welt bei.

KAPITEL 8
CHARISMA UND WIE SIE ES ENTWICKELN

Was haben Charisma und Menschenkenntnis gemeinsam? Ganz einfach, Charismatiker sind hervorragende Menschenkenner. Sie nehmen den Menschen, dem Sie gerade zuhören am wichtigsten und nehmen ihn vollkommen ernst. Sie sind präsent, selbstbewusst und man merkt einfach, dass sich seine Mitmenschen in seiner Gegenwart sehr wohl fühlen.

Ist das angeboren oder erlernbar? Es ist eine Mischung aus beidem. Es gibt die geborenen Charismatiker und Menschen, die im Laufe Ihres Lebens die Fähigkeiten ausbilden und damit charismatisch werden. Charisma ist kein künstliches Verhalten, sondern es beruht auf der eigenen Persönlichkeit und dem eigenen Selbstwertgefühl.

Die folgenden Eigenschaften zeichnen einen Charismatiker aus. Teilweise überschneiden Sie sich mit denen, die einen guten Menschenkenner ausmachen.

Eigenschaft 1:

Charismatiker können gut zuhören. Sie haben Interesse daran, anderen Menschen zuzuhören und sie wirklich zu verstehen. Sie stellen die richtigen Fragen und zeigen über Ihre Aufmerksamkeit und eine positive freundliche Körpersprache, dass sie anderen Menschen zugewandt sind.

Eigenschaft 2:

Charismatiker sind präsent. Sie sind genau da, wo sie gerade sind, mit Ihrer Aufmerksamkeit im Hier und Jetzt. Sie konzentrieren sich auf Ihr Gegenüber, ohne gedanklich oder mit den Augen abzuschweifen.

Eigenschaft 3:

Charismatiker beobachten aufmerksam. Sie achten auf die Menschen um sich herum, auf die Körpersprache, die Energie im Raum, die Ausstattung des Raums oder der Umgebung und die kleinsten Details. Natürlich nicht während eines Gesprächs.

Eigenschaft 4:

Charismatiker besitzen eine besondere, positive Energie. Diese kann man spüren und sehen, aber sie lässt sich nicht so leicht beschreiben. Sobald so ein Mensch das Zimmer betritt, geht die Sonne auf. Die positive Energie wirkt wie ein helles und anziehendes Feld rund um diesen Menschen herum.

Man hat Lust, in der Nähe dieses Menschen zu sein, ihn kennenzulernen oder ihm von sich zu erzählen. Charismatiker sind inspirierend. Sie wissen, dass Sie selbst mit etwas Höherem verbunden sind, und können Ihren Mitmenschen dies Gefühl ebenfalls vermitteln.

Eigenschaft 5:

Charismatiker haben Visionen. Sie wissen, wo Sie hinmöchten, was Sie erreichen möchten, welches Ihre Werte sind. Sie haben Ziele, für die Sie andere begeistern können, weil sie selber voller Leidenschaft dabei sind.

Eigenschaft 6:

Charismatiker geben gerne und nehmen sich selber nicht so wichtig. Dies darf nicht verwechselt werden mit mangelnder Selbstfürsorge. Vielmehr können Charismatiker geben, weil Sie sich selbst genährt und erfüllt fühlen. Sie wissen, dass andere Menschen wichtig sind und dass große Ziele nur gemeinsam erreicht werden können.

Erkennen Sie sich in einigen Punkten wieder? Haben Sie Lust, Charisma zu entwickeln? Vermutlich fände jeder Mensch es angenehm, eine solche Ausstrahlung zu besitzen. Mit anderen leicht in Kontakt zu kommen und gern gesehener Mittelpunkt unter anderen Menschen zu sein. Probieren Sie aus. Mithilfe der folgenden Übungen werden Sie Schritt für Schritt charismatischer:

Übung 1: Zuhören

Das hört sich sehr leicht an, tatsächlich sind wir oft nicht bei der Sache, wenn wir jemandem zuhören. Üben Sie in Ihren nächsten Gesprächen, wirklich zuzuhören. Halten Sie Blickkontakt mit Ihrem Gegenüber. Wenn Ihre Gedanken abschweifen, bemerken Sie dies und gehen Sie mit Ihrer Aufmerksamkeit zurück zu Ihrem Gesprächspartner und dem, was er erzählt.

Vielleicht hilft es Ihnen, sich seine Geschichte als Film oder Buch vorzustellen sodass Sie jede einzelne Szene vor Ihrem inneren Auge sehen und wirklich in seine Erzählung eintauchen können. Bleiben Sie offen für das, was Ihnen erzählt wird, ohne direkt eine

Schlussfolgerung zu ziehen. Versuchen Sie herauszufinden, was die Kernaussage des Erzählten ist. Worum geht es Ihrem Gesprächspartner? Warum erzählt er Ihnen das? Möchte er etwas mit Ihnen teilen, sucht er eine Antwort auf seine Fragen oder eine Bestätigung seiner Handlung? Bleiben sie durch Fragen mit Ihrem Gegenüber in Verbindung. Entspannen Sie sich und atmen Sie bewusst ein und aus. Bemühen Sie sich Ihrem Gegenüber wirklich zu verstehen und seien Sie interessiert. Dann wird wirkliches Zuhören bald ganz natürlich für Sie werden.

Übung 2: Präsenz

Präsent sein bedeutet, dass Sie mit Ihrem Körper und Ihrer Aufmerksamkeit vollkommen im Hier und Jetzt sind. Alles, was jetzt gerade ist, ist so und darf so sein. Ihre Gedanken dürfen sein und Ihre Gefühle dürfen sein.

Probieren Sie es jetzt aus: Nehmen sie wahr, wo Sie sich befinden, spüren Sie in Ihren Körper hinein und nehmen Sie wahr, wie er sich anfühlt. Spüren Sie eine leichte, vibrierende Energie oder vielleicht Kälte oder Wärme in bestimmten Bereichen des Körpers? Konzentrieren Sie sich auf Ihren Atem. Er kann Sie immer und überall ins Hier und Jetzt bringen. Der Atem strömt ein und der Atem strömt wieder aus. Spüren sie seinen Weg. Atem heißt auch Inspiration. Lassen Sie sich vom Atem inspirieren. Lassen Sie Ihn wieder ausströmen und lassen Sie alte Energie und Anspannung los.

Immer wenn Sie feststellen, dass Sie mit den Gedanken abschweifen, sich Sorgen machen oder Ihrem Gesprächspartner vorauseilen, holen Sie sich mithilfe Ihres Atems zurück ins Jetzt. Ein tolles Buch mit vielen weiteren Übungen und Inspirationen, dass ich Ihnen gerne empfehle, heißt "Jetzt" von Eckhardt Tolle.

Übung 3: Beobachten

Üben Sie Beobachten. Viele Menschen sind im Alltag so mit Ihren Gedanken und Aufgaben beschäftigt, dass Sie sehr wenig von Ihrer Umgebung mitbekommen. Ich bin immer wieder erstaunt, wenn ich feststelle, wie viel sich Kinder merken können und dass sie oft genau wissen, dass auf die Tasse bei Großmutter im Schrank gelbe Blümchen mit violetten Tupfen aufgemalt waren oder der Hund auf der Straße einen weißen Tupfer auf dem Schwanz hatte.

Gehen Sie in die Welt hinaus wie ein Kind, dass die Dinge zum ersten Mal sieht. Staunen Sie, erfreuen Sie sich an Ihrer Umgebung. Das wird Ihnen nicht nur helfen, ein guter Beobachter zu werden, sondern Sie auch in Präsenz schulen und Sie glücklich machen!

Übung 4: Positive Energie und Inspiration tanken

Wie fühlen Sie sich gerade? Ein bisschen müde vom Sitzen beim Lesen? Oder inspiriert und euphorisch bei dem Gedanken, die Tipps und Übungen aus diesem Buch umzusetzen? Egal wie, die folgenden Übungen werden Ihnen helfen, sich positiver, frischer und inspirierter zu fühlen. Machen

Sie sie möglichst regelmäßig.

Stehen Sie auf und schütteln Sie sich! Schütteln Sie Ihre Arme und Beine wild und unkontrolliert. Schneiden Sie Grimassen, stoßen Sie Laute aus oder singen dabei. Strecken Sie sich ganz lang nach oben zum Himmel oder zur Zimmerdecke. Hüpfen und springen Sie. Vergessen Sie dabei nicht, tief zu atmen. Der Atem ist und bleibt ein Basic-Werkzeug für Energie und Präsenz.

Spielen Sie Ihre Lieblingsmusik und tanzen und singen Sie laut dazu. Drehen Sie sich im Kreis, schütteln ihr Haar oder seien Sie sexy wie Madonna. Erlaubt ist, was gefällt. Gönnen Sie sich Freude und lassen Sie Ihr inneres Kind raus.

Wenn Ihnen danach gerade nicht ist, sondern Sie lieber draußen sein möchten, joggen Sie eine große Runde oder machen Sie einen strammen Spaziergang. Manchmal, wenn Ihnen mehr nach Ruhe zumute ist, kann es Ihnen gut tun, eine Runde zu entspannen oder eine schöne, bestärkende Meditation zu machen.

Übung 5: Visionen entwickeln

Haben Sie eine Idee, wie Sie leben möchten? Was ist Ihnen wirklich wichtig? Was möchten Sie unbedingt erreichen und erleben in Ihrem Leben? Viele Menschen leben so vor sich hin oder lassen sich leben. Sie arbeiten 40 Stunden, freuen sich hauptsächlich auf Ihr Wochenende und ihr Leben ist immer irgendwie gerade so in Ordnung. Klingt langweilig? Ist es auch!

Schreiben Sie 50 Ziele auf, die Sie in Ihrem Leben noch erreichen möchten. Z. B. den Mount Everest besteigen, 10 Kilo abnehmen, ein Buch schreiben, Leiter der Abteilung Technik zu werden, Nähen lernen, drei Kinder zur Welt bringen, zehn Bücher zu einem bestimmten Thema zu lesen, Ihre Ernährung umstellen etc. Es kann alles ein. Lassen Sie Ihrer Hand mit dem Stift freien Lauf. Dann gehen Sie die Liste erneut durch und markieren die drei Ziele, die Sie in diesem Jahr noch angehen wollen. Wenn es sehr große Ziele sind, brechen Sie sie auf Teilziele herunter. Drei Kinder in einem Jahr gebären zu wollen, übersteigt die Kapazität der meisten Körper.

Überlegen Sie dann, was Sie in dieser Woche konkret für Schritte tun können, um diesen drei Zielen näher zu kommen. Diese Schritte tun Sie dann. Sie werden sehen, dass Sie Ihren Zielen erstaunlich schnell näherkommen und wie gut es Ihrem Selbstwertgefühl tut, Ihre ganz eigenen Ziele zu verfolgen und somit Ihr Leben in die eigenen Hände zu nehmen. Wenn Ihnen drei Ziele zu viel sind, reicht es auch, sich erst einmal nur zwei vorzunehmen.

Wenn Sie diese Übungen regelmäßig machen und sich somit Gutes tun, präsent werden und anderen wirklich zuhören, werden Sie eine charismatischere Ausstrahlung bekommen und sich immer entspannter und wohler fühlen. Mit sich selbst und im Umgang mit anderen Menschen.

KAPITEL 9
SCHLUSSWORT

Ich danke Ihnen, dass Sie sich die Zeit genommen haben, meine Zeilen aufmerksam zu lesen. Auch dies war bereits eine Übung in Präsenz. Oder haben Sie immer wieder mal Stellen überflogen, die Sie bereits zu kennen glaubten oder eine Übung weggelassen, weil Sie gerade keine Lust hatten, Sie auszuprobieren?

Kein Problem. Das Leben bietet Ihnen immer wieder neue Möglichkeiten und Sie können genau jetzt anfangen, ein besserer Menschenkenner zu werden, neue Wege der Kommunikation zu üben und sich Charisma zu erarbeiten. Da das so klingen mag, als wären Sie eine große Baustelle und müssten noch unheimlich viel an sich reparieren, bevor Sie endlich funktionstüchtig sind, erinnere ich Sie lieber daran:

Sie sind gut. Genauso wie Sie jetzt sind. Die Informationen und Übungen in diesem Ratgeber erinnern Sie lediglich daran, was Sie tun können, um immer mehr Sie selbst zu werden, Ihr Leben in der Gegenwart zu genießen und Verbindungen zu Ihren Mitmenschen zu knüpfen.

Ich wünsche Ihnen viel Freude und positive Erlebnisse beim Erforschen der Menschen in Ihrer Umgebung und beim Kennenlernen Ihres Selbst!

Ihr Tobias Schauenburg

RECHTLICHES UND IMPRESSUM

Dieses Buch verweist auf Inhalte Dritter. Der Autor erklärt hiermit ausdrücklich, dass zum Zeitpunkt der Linksetzung keine illegalen Inhalte auf den zu verlinkenden Seiten erkennbar waren. Auf die verlinkten Inhalte hat der Autor keinen Einfluss. Deshalb distanziert der Autor sich hiermit ausdrücklich von allen Inhalten aller verlinkten Seiten, die nach der Linksetzung verändert wurden. Für illegale, fehlerhafte oder unvollständige Inhalte und insbesondere für Schäden, die aus der Nutzung oder Nichtnutzung solcherart dargebotener Informationen entstehen, haftet allein der Anbieter der Seite, auf welche verwiesen wurde, nicht aber der Autor dieses Buches.

1. Auflage

DiGi Generation
Rodensteinstraße 22
64625 Bensheim

29420012R00031

Printed in Poland
by Amazon Fulfillment
Poland Sp. z o.o., Wrocław